AF250733

UN PORTRAIT

DU

CONNÉTABLE DE RICHEMONT

PAR

J. TRÉVÉDY

Ancien Président du Tribunal de Quimper

Vice-Président de la Société Archéologique du Finistère et de la Commission Historique

et Archéologique de la Mayenne

EXTRAIT DES MEMOIRES DE L'ASSOCIATION BRETONNE (1901)

Session de Châteaubriant

SAINT-BRIEUC

IMPRIMERIE-LIBRAIRIE-LITHOGRAPHIE RENÉ PRUD'HOMME

—

1905

UN PORTRAIT

DU

CONNÉTABLE DE RICHEMONT

PAR

J. TRÉVÉDY

Ancien Président du Tribunal de Quimper

Vice-Président de la Société Archéologique du Finistère et de la Commission Historique

et Archéologique de la Mayenne

Extrait des Mémoires de l'Association Bretonne (1904)

Session de Châteaubriant

SAINT-BRIEUC

IMPRIMERIE-LIBRAIRIE-LITHOGRAPHIE RENÉ PRUD'HOMME

—

1905

D'après un dessin teinté, sans indication de provenance,
conservé à la Bibl. Nat. dans la collection Gaignières.

Dép. des Estampes. O a fol. 48.

UN PORTRAIT

DU

CONNÉTABLE DE RICHEMONT

Au mois de juin 1903, à Formigny, la Normandie élevait un monument en souvenir de la victoire du 15 avril 1450. La Bretagne eut sa part dans la victoire de Formigny ; elle a sa place au monument de Formigny : elle y est représentée par notre glorieux connétable de Richemont.

Près du champ de bataille de Formigny, il y avait un autre souvenir de la victoire : c'est la chapelle Saint-Louis, fondée en 1487, par le duc Jean II de Bourbon. En 1450, le duc était comte de Clermont, neveu par alliance du connétable et gendre du roi Charles VII ; c'est sans doute à ce dernier titre qu'il devait l'honneur de commander, à vingt-quatre ans, l'armée royale et des hommes comme l'amiral de Coëtivy, Joachim Rouault, le futur maréchal, Pierre de Brézé, sénéchal de Poitou et bientôt de Normandie.

Le jour même de la victoire, le comte de Clermont fit vœu de bâtir à Formigny une chapelle, et d'y assurer à perpétuité et chaque jour le service divin. Pieuse pensée à laquelle, devenu duc de Bourbon, il donnera suite seulement trente-sept ans plus tard, en 1487, l'année qui précéda l'année de sa mort.

On lit dans l'acte de fondation (1) :

(1) Cet acte vient d'être réimprimé (1903) par M. A. Anquetil, correspondant du ministère des Beaux-Arts, dans *Formigny*, mémoire récompensé d'une médaille d'or, par la Société des sciences, arts et belles lettres de Bayeux. L'acte se trouve aux pages 99-101.

L'auteur date l'acte de 1486. Il faut dire 1487 (n. st.) En effet, l'acte porte cette date : « Donné à Saint-Jouin, en Poictou, au moys d'apvril, l'an de grâce

« Jehan, duc de Bourbonnais et d'Auvergne, comte de Clermont, etc., pair et chambrier de France, scavoir faisons à tous présentz et advenir, que, comme en l'an mil quatre centz cinquante, nous estantz lors lieutenant général de feu de très louable mémoire Monsieur le Roy Charles septième de ce nom, que Dieu absolve, — par la grâce et miséricorde de Dieu nostre Créateur nous eussions gaigné une journée au lieu de Fourmigny, au diocèse de Baïeux, à l'encontre des Anglois, anciens ennemis de la couronne de France, et d'icelle journée obtenu la victoire..... à cause de quoy ayant à mémoire la grâce à nous faite par notre Créateur, aurions dès lors voué de fonder deux vicaires au dict lieu de Fourmigny pour chanter et célébrer chaque jour une messe, l'un une semaine, l'autre une autre..... etc. »

Le duc ne prend pas le titre de connétable dont la régente Mme de Beaujeu, sa belle-sœur, l'a gratifié (1483), bien qu'il eût été le chef de la *Ligue du bien public* (1465), comme son père avait été, vingt-cinq ans auparavant, un des chefs de la Praguerie.

Cette omission n'importe pas, mais en voici une autre qu'il faut relever : Comment, parlant de Formigny, le duc de Bourbon a-t-il pu omettre le nom du connétable de Richemont ?

Est-ce que le titre de vainqueur dans une bataille, n'appartient pas au chef de l'armée victorieuse ? Et qui donc commandait à Formigny ?

Le matin, c'est le comte de Clermont. Est-il emporté par son ardeur juvénile ? Aspire-t-il à l'honneur de vaincre seul, sans le connétable qui vient à son appel, et qu'il sait proche ? Quoiqu'il en soit, avec moins de 3.000 hommes fatigués d'une marche de nuit, il attaque l'armée anglaise, double en nombre,

mil quatre cent quatre vingtz et six, avant Pasques. » L'année 1486 (n. st.) avait commencé le 26 mars ; l'année 1487 (n. st.) commença le 15 avril. L'année 1486 (vieux style) comprit donc tout le mois d'avril 1486 et 14 jours d'avril 1487. Ce sont ces 14 jours qui sont dits d'avril *avant Pâques*. Sur cela, M. Giry, *diplomatique*, p. 110. M. Anquetil, a écrit (p. 102), « que des lettres de Charles VII confirmèrent la fondation de Jean de Bourbon, son gendre. » Il faut lire *Charles VIII* et retrancher les mots *son gendre* écrits par inadvertance. Charles VII était mort en 1461

aguerrie, reposée, défendue par des retranchements. L'attaque
est repoussée : que les Anglais engagent une action générale,
l'armée française peut être écrasée (1) ; et, quand le connétable arrivera avec ses 1.500 bretons, il aura sur les bras
une armée de 6.000 hommes animés par une première victoire.

Par bonheur, les Anglais hésitent, et le connétable arrive.
L'autorité suprême du comte de Clermont s'évanouit. Les deux
armées n'en font qu'une, sous un chef unique, le connétable.
C'est une règle absolue.

« Le connétable est par-dessus tous les autres qui sont en
« l'ost (à l'armée), excepté la personne le Roy... Tous, soient
« ducs, comtes, barons, chevaliers de quelque état qu'ils
« soient doivent obéir à lui (2). »

Le connétable prend le commandement. Pour reconnaître
la position des Anglais, il emmène avec lui, non son jeune
neveu de Clermont, mais un homme de guerre plus expéri-
menté, l'amiral de Coétivy. C'est au connétable, non au comte
de Clermont, que Pierre de Brézé, qui commande des compa-
gnies d'ordonnance, vient demander des ordres. .

Le connétable ordonne une attaque générale du camp anglais,
le camp est forcé de tout côté ; et bientôt presque toute l'armée
anglaise est massacrée ou prisonnière.

Ainsi, le matin la victoire échappait aux Français seuls
commandés par le comte de Clermont ; l'après-midi, l'armée
franco-bretonne, commandée par le connétable, obtenait la
plus éclatante victoire que la France eût remportée depuis le
début de la guerre de Cent Ans.

(1) Le lendemain de la bataille, l'amiral de Coétivy écrit à son frère : « A
vous dire la vérité, je crois que Dieu nous y amena Mgr le Connétable ; car, s'il
ne fust venu à l'heure et par la manière qu'il vinst, je doute que nous, qui les
avions atteints (attaqués) les premiers et faict mettre en bataille, n'en fus-
sions jamais sortis sans dommaige irréparable, car ils estoient de la moitié
plus que nous n'étions. » Morice, *Pr.*, II, 1521.

Et le chroniqueur Blondel, précepteur d'un des fils de Charles VII, écrit
(II, 188-189) : « Et, si les Anglais avaient continué le combat commencé et osé
poursuivre les Français qui reculaient, le sort du combat était contraire à ceux-
ci. » Je traduis mot à mot le latin de Blondel.

(2) C'est la première phrase de l'acte de nomination du connétable de Clisson.
Janvier 1382 (n. st.). Citation de M. Cosneau. *Le connétable de Richemont*,
Appendice XXI, p. 501.

Il n'était donc pas permis au duc Jean II de Bourbon, et il n'est permis à personne de mentionner la victoire de Formigny, sans nommer le connétable de Richemont (1).

C'est la pensée qu'a rendue visible l'habile statuaire du monument de Formigny. Il a montré la France brandissant son épée enfin victorieuse ; et, au-dessous d'elle, le comte de Clermont et le connétable se donnant la main. Le statuaire applaudi à Formigny est M. Le Duc, auquel la Bretagne doit la statue équestre du connétable de Richemont (2). L'année prochaine, à Vannes, quand tombera le voile qui aura couvert la statue, nous applaudirons à l'art du statuaire et à la gloire du *vrai* vainqueur de Formigny.

L'inauguration du monument de Formigny a suscité plusieurs études sur la campagne de 1450. Deux ont pour auteurs des membres de l'Institut : MM. Joret et Lair. Le mémoire de M. Lair, très savant et très intéressant pour tous, a pour nous, Bretons, un intérêt particulier. Qu'il me soit permis d'en étudier quelques pages (3) et l'*Iconographie* qui termine l'ouvrage.

* *
*

Nous n'avions qu'un portrait du connétable de Richemont, celui qu'ont publié nos deux historiens bénédictins (4). M. Lair

(1) J'ajoute que l'omission du nom de Richemont semble, de la part du duc de Bourbon, un acte d'ingratitude. Le duc de Bourbon a donc oublié les angoisses du comte de Clermont, effrayé des suites de l'imprudence qu'il a commise le matin, et attendant anxieusement son oncle le connétable qu'il appela trop tard ? Ne se souvient-il plus de sa joie, quand les Bretons surviennent pour dégager sa responsabilité, de l'honneur que le connétable lui a fait en l'armant chevalier et surtout en lui permettant de coucher sur le champ de bataille, comme si le nouveau chevalier était le vainqueur de la journée ?

(2) M. Le Duc est l'auteur d'une étude sur *Formigny* à laquelle la Société *La Pomme* a décerné une médaille de vermeil, que j'ai eu l'honneur de partager avec lui pour mon étude : *La Bataille de Formigny*. M. Le Duc reconnaît au connétable l'honneur de la victoire.

(3) V. *Notes et Documents*, § VI, p. 75-78.

(4) Lobineau, *Histoire* en regard de la page 655. — Morice, *Histoire*, II, en regard de la page 67.

nous en donne jusqu'à cinq images. Je les numérote dans l'ordre où elles se présentent.

L'une (n° 4) est la reproduction d'un *dessin teinté* de la collection Gaignières. Les quatre autres sont des reproductions de dessins du xvii⁰ siècle reproduisant une tapisserie du xv⁰ siècle, ayant existé à Fontainebleau et aujourd'hui perdue. Deux de ces dessins (n⁰ˢ 1 et 5) donnent des images très réduites ; mais vues à la loupe elles se rapprochent pourtant des deux autres dessins (n⁰ˢ 2 et 3). Ces dessins, bien qu'ils ne soient que de simples traits, et le dessin de la collection Gaignières méritent une attention particulière.

Confrontons d'abord le dessin Gaignières avec le portrait donné par nos historiens bénédictins.

Au bas de cette belle gravure, on lit : *Dessiné par Jean Chaperon, d'après l'original conservé aux Chartreux de Nantes*. On a supposé que le connétable donna ce portrait aux Chartreux lorsque, devenu duc (22 septembre 1457), il s'empressa de les installer dans la maison qu'il leur avait fait bâtir. Né le 25 août 1393, le connétable avait juste soixante-quatre ans. C'est à peu près l'âge que lui donne le portrait.

Le connétable est tourné à gauche, à mi-corps, armé, coiffé d'un chapeau de fourrure sous lequel est un bonnet (1). Pas de cheveux, pas même près de l'oreille que pourtant le bonnet laisse à demi-découverte. Le visage est maigre, le nez est aquilin, long, mais pas gros, les yeux sont petits presque sans regard, la bouche est grande mais. régulière, le menton est fourchu. La physionomie est triste. Les épaules sont larges, mais comme ce visage chétif contraste avec l'idée qu'on se fait de la vigueur d'un homme de guerre infatigable, et qui ne fut malade, à ce qu'il semble, que dans sa soixante-cinquième année !

Voici maintenant le dessin Gaignières :

(1) Le chapeau de fourrure était la coiffure habituelle du temps. Voir le portrait d'Alain Fergent (lisez Pierre II), dans Lobineau, *Hist.* p. 105. — Sous le casque, les hommes de guerre portaient un bonnet. Après le combat, même avant de quitter l'armure, ils ôtaient le casque, et, par dessus le bonnet, mettaient le chapeau de fourrure. Ainsi est représenté Richemont dans les deux portraits que nous étudions, et dans deux dessins qui nous le montrent, après le combat, mais sur le champ de bataille de Formigny (Dessins n⁰ˢ 1 et 5 de la tapisserie de Fontainebleau).

On lit au bas en majuscules : *Artus III du nom, duc de Bretagne, comte de Richemont, connestable de France, 1458.*

Le portrait que reproduit ce dessin est donc contemporain du portrait des Chartreux. En effet, le duc semble plus que sexagénaire.

Dans ce dessin, le connétable est encore tourné à gauche. On ne voit que la tête, les épaules et la poitrine. Il est armé et coiffé du chapeau de fourrure sur le bonnet ; les cheveux n'apparaissent pas. La tête est forte, le visage aussi, sans être gras, puisque la joue apparaît creuse. Le nez, qui n'est pas aquilin, est très gros, comme renflé par le bout et retombant sur la lèvre supérieure. Cette lèvre mince est comme cachée par la lèvre inférieure. Le menton est fourchu. Les yeux sont petits ; le regard presque éteint et triste. — Quoi d'étonnant ? Le duc Arthur est déjà atteint de la maladie dont il va mourir le 26 décembre de cette année. Mais, si nous le voyons affaibli, la carrure de son visage montre la force qui fut autrefois la sienne.

Le costume et la physionomie rappellent le portrait des Chartreux ; il y a, entre les deux dessins, cette ressemblance un peu vague qu'on nomme *air de famille.* C'est, je pense, en ce sens que M. Lair a écrit (p. 77) : « La gravure (de Chaperon) paraît très soignée, et Richemont y ressemble aux portraits que nous reproduisons. »

Deux traits frappent d'abord dans le dessin Gaignières : 1° le nez *énorme* ; et, remarquez-le, la même difformité apparaît dans les dessins n°° 2 et 3 de la tapisserie. On la retrouve même dans les dessins très réduits (n°° 1 et 5) nous montrant le connétable sur le champ de bataille de Formigny.

2° La lèvre supérieure très mince dans le dessin Gaignières, n'est pas dessinée dans l'image de Fontainebleau (n° 2). Le dessin ne montre que la lèvre inférieure, comme si elle cachait l'autre. Le connétable aurait-il donc eu cette difformité de la lèvre inférieure qu'on nomme « grosse lippe » ?

Le 26 avril 1452, le connétable écrivait au duc d'Orléans, son ami d'enfance et son compagnon de captivité en Angleterre, et il signait sa lettre : « *votre vieille lippe Artur* ». Un historien du connétable a publié cette lettre ; de la signature il a conclu que « le duc reprochait familièrement à Richemont

(N° 3 du texte) Le Connétable DE RICHEMONT

D'après un dessin du XVII° siècle, reproduisant une Tapisserie de Fontainebleau, aujourd'hui perdue.

Bibl. Nat. Mss. Nouv. Acq., fr. N° 5174, fol. 42.

une disposition naturelle à faire la moue » ; et il voit là sinon la preuve du moins un indice de « l'humeur rébarbative de Richemont (1) ».

Contre l'opinion de l'historien, j'osai supposer que ce surnom d'enfance et d'amitié était dû non pas à un défaut de caractère, mais à cette conformation de la lèvre inférieure dite « lippe ou grosse lippe », et qu'on nommait, au dernier siècle, « la lippe d'Autriche (2) ».

Il me semble que le dessin de Gaignières et les dessins de Fontainebleau (n° 2 et 3) justifient cette hypothèse.

Quoiqu'il en soit, voilà deux portraits contemporains ne se ressemblant guère ; lequel devra paraître ressembler le plus à l'original ?

Pour mon compte, je n'ai qu'une confiance très limitée dans la ressemblance, même par à peu près, des portraits donnés par nos historiens bénédictins (3).

Je tiens sans hésiter pour le dessin de Gaignières.

M. Lair fait remarquer que la provenance de ce dessin n'est pas indiquée (4). — Soit ! Mais ce défaut de renseignement n'est pas un indice, encore moins une preuve de non authenticité. En effet, ce dessin est *confirmé*, si l'on peut dire, par les dessins de la tapisserie de Fontainebleau. Or voici sur la provenance de la tapisserie des détails qui portent à la considérer comme contemporaine de Richemont.

Elle existait, en 1501, au château de Blois, dans la salle où se tenait le roi Louis XII. Elle était au château de Fontaine-

(1) M. Cosneau, *Hist. de Richemont*, p. 438 et note 5, et Appendice LXXV, n° 2, p. 582-83. M. Lair donne aussi cette curieuse signature, au baut de la page où est représenté l'étendard du connétable. — L'iconographie n'a pas de pagination.

(2) Trévédy, *Le connétable de Richemont*, p. 159 et *Appendice*, n° 19, p. 357-358. — *Lippe d'Autriche* « parce qu'on remarquait ce défaut dans presque tous les princes descendus de cette maison. » Trévoux, v° *Lippe*.

(3) En exemple de ce peu d'exactitude, voir les portraits attribués, sur une tradition de l'abbaye de Redon, à Alain Fergent et Ermengarde (Lobineau, p. 105 et 108 ; Morice I, p. 90 et 98) ; et qui semblent bien représenter Pierre II et Françoise d'Amboise. V. *Portraits d'Alain Fergent et d'Ermengarde*, par MM. d'Espinay et Trévédy (1892).

(4) V. Au pied de la reproduction du dessin de Gaignières.

bleau, un siècle plus tard ; elle y fut dessinée en 1631. La voyant à Blois en 1501, M. Lair s'est demandé si la reine Anne, « qui détenait avec plus ou moins de droit les meubles « d'Arthur III, n'aurait pas apporté à Blois cette belle tapisserie « commandée par le connétable ? » (p. 78.) (1).

Si cette hypothèse est admise, et si le connétable lui-même s'est fait représenter à Formigny, son image nous offre toute garantie de ressemblance.

Mais il nous reste une confrontation à faire. — M. Lair mentionne (p. 77) une remarque de l'habile dessinateur de 1631 : — Parlant du connétable dessiné sur la tapisserie, il dit : « Du visage il ressemble fort le roy René de Sycille. »

(1) Pourrait-on démontrer que la reine Anne détenait les meubles d'Arthur III ou du moins la tapisserie ?

Du chef de son père Anne était héritière de Pierre II et d'Arthur III, avec Marie de Bretagne fille cadette de François Ier et femme du vicomte de Rohan. En 1499, on n'avait pas encore liquidé les successions de François Ier, Pierre II et Arthur III, morts depuis 47, 42, 41 ans, ni la communauté de François II avec Marguerite de Bretagne morte sans enfants, il y avait 33 ans, sœur aînée de la vicomtesse de Rohan.

En 1498, le vicomte de Rohan, qui ne se consolait pas de ne pas voir sa femme duchesse, et agissant au nom de celle-ci, assigna la reine Anne et le roi Louis XII en partage des successions et liquidation de la communauté. Par compromis du 20 février 1499 (Morice, *Pr.*, III, 828) les parties convinrent d'arbitres. Ceux-ci repoussèrent comme tardive la demande relative aux successions ; mais ils admirent la demande en liquidation de la communauté et dirent que la moitié de cette communauté serait acquise à la vicomtesse de Rohan (11 septembre 1501. Morice, *Pr.*, III. 850.)

Mais les meubles d'Arthur III ne pouvaient avoir passé aux mains de François II. A la mort d'Arthur ils étaient devenus la propriété de sa veuve Catherine de Luxembourg. En effet par acte du 26 juin 1457, Arthur, alors encore comte de Richemont, et Catherine se donnèrent réciproquement « au survivant tous et chacun leurs biens meubles, et choses censées pour meubles que les dits seigneurs ont à présent, montant à la somme de 60.000 écus. » Par une sorte de transaction qualifiée appointement et datée du 29 janvier 1460, le duc François II confirma la donation (Arch. Loire-Inférieure, S[ér] E, n°s 16 et 18). — M. Cosneau, *Richemont*, p. 453, note 3.

En 1468, Louis XI imagina de saisir et confisquer tous les biens de Catherine, pour la punir de résider en Bretagne auprès de François II, déclaré rebelle (Lobineau, *Hist.*, p. 705). Cette saisie eût-elle été effective, aurait été assurément levée après le mariage de Charles VIII. Catherine mourut vers 1499. La tapisserie aurait-elle été donnée ou léguée par elle à la reine Anne ? Question.

Il s'agit de René d'Anjou, plus jeune que Richemont, mais son contemporain et son obligé, devenu son petit-neveu par son second mariage. Né en 1409, René épousa, le 10 août 1454, Jeanne de Laval, qui avait vingt et un ans, quand il en avait quarante-cinq. Les portraits des deux époux ont été peints en même temps pour se faire pendants, mais à une époque postérieure. Jeanne porte au moins trente ans, et René semble avoir passé la soixantaine (1).

Le roi de Sicile est peint coiffé d'un bonnet, comme le connétable ; il a, comme lui, la tête forte et absolument le même galbe. Les yeux sont grands et ouverts, la physionomie grave. Ce qui fait la ressemblance signalée c'est le nez et la lèvre inférieure. Le nez gros du bout retombe sur la lèvre ; — et la lèvre inférieure se relève en *lippe*, moins pourtant que celle de Richemont ; mais assez pour que du premier coup d'œil on voie le bon roi « faisant la moue ».

Tous les défauts de ce visage sont accentués dans le portrait du connétable. — Si j'osais, je dirais que le portrait de Richemont est comme la caricature de celui du roi René.

Regardez le dessin de Gaignières, les dessins nos 2 et 3 de la tapisserie de Fontainebleau, le portrait peut-être embelli du roi René, et vous vous étonnerez du portrait dessiné par Chaperon. Ce n'est pas le connétable qui a pu, à soixante-quatre ans, se faire peindre avec un nez aquilin et mince et surtout *sans lippe*. Est-ce Catherine de Luxembourg, sa femme ou sa veuve, qui aura commandé au peintre ce nez régulier et cette bouche si bien modelée ? Est-ce Chaperon qui aurait corrigé son modèle ?

Pour juger la question, il nous faudrait le portrait des Chartreux gardé pieusement par eux pendant trois siècles et demi. Ce portrait a été perdu ou détruit aux jours néfastes où l'église des Chartreux était vendue et saccagée.

On sait que Arthur III avait été inhumé dans le chœur des

(1) Ce second mariage le fit petit-neveu du connétable. Jeanne de Laval était fille du premier mariage de Guy XIV avec Isabeau de Bretagne, fille de Jean V. — Le portrait du roi de Sicile vient d'être publié par la commission historique de la Mayenne. XV. (1899), p. 320. La *Maison de Laval*, par M. Bertrand de Broussillon.

Chartreux où sa veuve lui éleva un tombeau de marbre sur lequel fut placée son image. En 1792, l'église fut vendue et le tombeau brisé pour faire de la chaux. — Les restes de Richemont, destinés à la fosse commune, furent *volés* par une main pieuse ; et ils ont été déposés dans le tombeau de François II rétabli dans la cathédrale de Nantes ; mais la même main ne pouvait enlever les débris du tombeau désormais perdus.

Si, comme je le crois, le dessin de la collection Gaignières et les dessins de Fontainebleau étaient inconnus en Bretagne, ne devrons-nous pas à M. Lair le *portrait vrai* du plus illustre de nos ducs (1) ?

(1) L'*Association Bretonne* doit à M. Lair une sincère gratitude. Non seulement M. Lair nous a très obligeamment accordé l'autorisation de reproduire les dessins qu'il a publiés dans son savant mémoire ; mais il a bien voulu nous offrir ses clichés.

Saint-Brieuc, Imprimerie René Prud'homme.